52 Recetas de Desayuno Altas en Proteínas para Fisiculturismo:

Incremente Músculos Rápidamente sin Pastillas, Suplementos o Barras Proteicas

Por

Joseph Correa

Nutricionista Deportivo Certificado

COPYRIGHT

© 2016 Finibi Inc

Todos los derechos reservados

La reproducción o traducción de cualquier parte de este trabajo, más allá de lo autorizado mediante la sección 107 o 108 de la Ley de Propiedad Intelectual de los Estados Unidos, sin el permiso del propietario de los derechos de autor es ilegal.

Esta publicación está destinada a proporcionar información precisa y fiable en referencia a la temática cubierta. Ésta es comercializada bajo el entendimiento de que, ni el autor ni la editorial, pretenden brindar asesoría médica. Si requiere asesoría o asistencia médica, consulte un doctor. Este libro es considerado una guía y no debe ser utilizado en ninguna manera que perjudique su salud. Consulte a un médico antes de iniciar este plan nutricional para asegurarse de que es el adecuado para usted.

AGRADECIMIENTOS

La realización y éxito de este libro no hubiese sido posible sin mi familia.

52 Recetas de Desayuno Altas en Proteínas para Fisicoculturismo:

Incremente Músculos Rápidamente sin Pastillas, Suplementos o Barras Proteicas

Por

Joseph Correa

Nutricionista Deportivo Certificado

CONTENIDO

Copyright

Agradecimientos

Acerca del Autor

Introducción

52 Recetas de Desayuno Altas en Proteínas para Fisiculturismo

Otros Grandes Títulos del Autor

ACERCA DEL AUTOR

Como nutricionista deportivo certificado y atleta profesional, creo firmemente que una nutrición apropiada le ayudará a lograr sus metas más rápida y efectivamente. Mi conocimiento y experiencia me han ayudado a vivir más sanamente a través de los años, lo que he compartido con mis familiares y amigos. Mientras más conoces acerca de comer y beber sanamente, más pronto vas a querer cambiar tus hábitos de vida y alimentación.

Tener éxito en el control de su peso es importante pues esto mejorará todos los aspectos de su vida.

La nutrición es clave en el proceso de ponerse en mejor forma y de esto se trata este libro.

INTRODUCCIÓN

52 Recetas de Desayuno Altas en Proteínas para Fisicoculturismo le ayudará a incrementar la cantidad de proteínas que usted consume al día, para facilitar el aumento de masa muscular. Estas recetas le ayudarán a aumentar músculo en una manera organizada agregando grandes porciones saludables de proteína a su dieta.

El estar demasiado ocupado para alimentarse apropiadamente puede, a menudo, convertirse en un problema y es por esto que este libro le ahorrará tiempo y le ayudará a nutrir su cuerpo para lograr las metas deseadas. Asegúrese de conocer qué está comiendo preparándolo usted mismo o pidiendo a alguien que lo prepare para usted.

Este libro le ayudará a:

-Ganar músculo rápida y naturalmente a la hora del desayuno.

- Mejorar la recuperación muscular.

- Tener más energía.

- Acelerar naturalmente su metabolismo para construir más músculo.

- Mejorar su sistema digestivo.

Joseph Correa es un nutricionista deportivo certificado y un atleta profesional.

52 Recetas de Desayuno Altas en Proteínas para Culturismo

1. Huevos con aguacate

Ingredientes:

3 aguacates maduros medianos, cortados por la mitad

6 huevos

3 cucharadas de aceite de oliva

2 cucharaditas de romero deshidratado

sal y pimienta al gusto

Preparación:

Precaliente el horno a 350 grados. Corte el aguacate a la mitad y retire la pulpa del centro. Coloque un huevo en cada mitad y espolvoree con romero, sal y pimienta. Engrase la bandeja de hornear con aceite de oliva y coloque los aguacates. Utilice una bandeja para hornear pequeña, de modo que los aguacates entren ajustadamente. Lleve al horno por aproximadamente 15-20 minutos.

Valores nutricionales por 100g:

Carbohidratos 4.8g

Azúcar 3.1g

Proteínas 29 g

Grasas Totales 11.7g

Sodio 127 mg

Potasio 239mg

Calcio 2.9mg

Hierro 2.16mg

Vitaminas (vitaminas A; B-6; B-12; C; D; D2; D3; K; Riboflavina; Niacina; Tiamina; K)

Calorías 213

2. Merengada de quinoa

Ingredientes:

1 taza de quinoa cocida

1 banana

½ taza de fresas

1 taza de yogur bajo en grasas

1 taza de leche descremada

1 cucharadita de palitos de vainilla molidos

1 cucharadita de miel

Preparación:

Combine los ingredientes en una licuadora y mezcle por algunos minutos, hasta obtener una mezcla suave. Refrigere por un rato.

Valores nutricionales por una taza:

Carbohidratos 6.2g

Azúcar 5.4g

Proteínas 29.7 g

Grasas Totales 12.2g

Sodio 123 mg

Potasio 224mg

Calcio 4.9mg

Hierro 2.18mg

Vitaminas (vitaminas A; B-6; B-12; C; D; D2; D3; K; Riboflavina; Niacina; Tiamina; K)

Calorías 84

3. Avena con mantequilla de maní

Ingredientes:

1 taza de avena cocida

1 taza de leche de almendras sin azúcar

2 cucharadas de mantequilla de maní orgánica

1 cucharada de sirope de fresa

1 cucharadita de canela

Preparación:

Coloque los ingredientes en un bol y revuelva bien hasta obtener una mezcla suave. Si es necesario, agregue un poco de agua. Vierta la mezcla en vasos altos y refrigere durante la noche.

Valores nutricionales por 100g:

Carbohidratos 7.6g

Azúcar 5.9g

Proteínas 26 g

Grasas Totales 11.1g

Sodio 124.5 mg

Potasio 201mg

Calcio 2.4mg

Hierro 2mg

Vitaminas (vitaminas A; B-6; B-12; C; D; D2; D3; K; Riboflavina; Niacina; Tiamina; K)

Calorías 117

4. Sándwich de huevo y queso

Ingredientes:

4 huevos

1 taza de queso cottage

1 cucharadita de perejil deshidratado

8 rebanadas delgadas de pan integral

sal al gusto

Preparación:

Hierva los huevos durante 10 minutos. Deje enfriar y retire la cáscara. Córtelos en rodajas delgadas – aproximadamente 5-6 rodajas por cada huevo. Coloque una capa de 1 cucharada de queso cottage bajo en grasa encima del pan y encima coloque el huevo, en rodajas.

Valores nutricionales por 100g:

Carbohidratos 9.7g

Azúcar 7.1g

Proteínas 24g

Grasas Totales 9g

Sodio 117mg

Potasio 115mg

Calcio 2.6mg

Hierro 2.34mg

Vitaminas (vitaminas A; B-6; B-12; C; D; D2; D3; K; Riboflavina; Niacina; Tiamina; K)

Calorías 209

5. Queso cottage con bayas

Ingredientes:

1 taza de queso cottage

1 taza de frutos silvestres

½ taza de crema baja en grasas

2 claras de huevo

1 cucharada de miel

1 cucharadita de azúcar morena

Preparación:

Combine los ingredientes en un bol grande. Bata bien utilizando un tenedor. Llévelo al congelador por aproximadamente 30 minutos. Esta mezcla cremosa combina perfectamente con una tostada integral.

Valores nutricionales por 100g:

Carbohidratos 5.1g

Azúcar 4.7g

Proteínas 19 g

Grasas Totales 9.8g

Sodio 101 mg

Potasio 112mg

Calcio 5.45mg

Hierro 1.6mg

Vitaminas (vitaminas A; B-6; B-12; C; D; D2; D3; K; Riboflavina; Niacina; Tiamina; K)

Calorías 91

6. Semillas de chía con yogur Griego

Ingredientes:

1 taza de yogur Griego

3 cucharadas de semillas de chía

1 cucharadita de almendras molidas

1 cucharada de miel

Preparación:

Las semillas de chía son muy populares debido a sus valores nutricionales. Existe una razón por la cual se les denomina 'supercomida'. Agregue este ingrediente de alta calidad en su yogur Griego de siempre y obtendrá una grandiosa comida llena de proteínas y otros ingredientes de gran valor.

Para esta sencilla receta,, combine 3 cucharadas de semillas de chía con 1 taza de yogur Griego, 1 cucharadita de almendras molidas y 1 cucharada de miel. Utilice un tenedor o una batidora para obtener una mezcla suave. Refrigere.

Valores nutricionales por 100g:

Carbohidratos 3.1g

Azúcar 2.12g

Proteínas 9.7 g

Grasas Totales 4.8g

Sodio 73mg

Potasio 99mg

Calcio 3.9mg

Hierro 0.16mg

Vitaminas (vitaminas A; B-6; B-12; K; Riboflavina; Niacina;)

Calorías 89

7. Tortilla de tocineta y espinaca

Ingredientes:

3 huevos

1 taza de espinaca fresca

5 rebanadas delgadas de tocineta

¼ taza de leche

1 cucharada de aceite de oliva

1/8 cucharadita de pimienta roja molida

¼ cucharadita de sal

Preparación:

Engrase la sartén con aceite de oliva. Caliente a fuego medio-alto. Mientras, bata los huevos con la espinaca y la leche. Vierta en la sartén y revuelva durante 3-4 minutos. Agregue la tocineta, la pimienta molida y la sal. Apague la hornilla, pero mantenga la sartén sobre ella hasta que el tocino esté caliente.

Valores nutricionales por 100g:

Carbohidratos 5.3g

Azúcar 3.19g

Proteínas 28.9 g

Grasas Totales 11.8g

Sodio 112 mg

Potasio 139mg

Calcio 1.9mg

Hierro 1.18mg

Vitaminas (B-6; B-12; D)

Calorías 213

8. Cazuela de berenjena

Ingredientes:

2 berenjenas grandes

1 taza de carne picada

1 cebolla

2 cucharadas de aceite de oliva

¼ cucharadita de pimienta

2 tomates

1 cucharada de perejil deshidratado

4 huevos

3 cucharadas de pan rallado

1 taza de leche descremada

½ taza de crema baja en grasas

Preparación:

Engrase la bandeja para hornear con aceite de oliva. Precaliente el horno a 350 grados. Pele las berenjenas y córtelas a lo largo en rebanadas delgadas. Forme capas con las rebanadas de berenjena en la bandeja para hornear. Pele y corte la cebolla y los tomates en rodajas delgadas. Forme otra capa en la bandeja. Esparza la carne encima. Ahora, combine el pan rallado con la leche, los huevos, la crema baja en grasas, el perejil y la pimienta en un bol grande. Bata bien hasta obtener una mezcla uniforme. Vierta esta mezcla encima de la cazuela y hornee durante aproximadamente 20 minutos. Corte en 6 trozos iguales.

Valores nutricionales por 100g:

Carbohidratos 12.7g

Azúcar 9.1g

Proteínas 29.3 g

Grasas Totales 11g

Sodio 237 mg

Potasio 289mg

Calcio 5.9mg

Hierro 4.2mg

Vitaminas (vitaminas A; B-6; B-12; C; D; D2; D3; K; Riboflavina; Niacina; Tiamina; K)

Calorías 227

9. Claras de huevo fritas con queso cottage

Ingredientes:

4 huevos

1 taza de queso cottage

¼ taza de leche descremada

1 cucharada de aceite de oliva

sal al gusto

Preparación:

Separe las claras y las yemas de los huevos. Engrase la sartén con aceite de oliva. Caliente a fuego medio-alto. Bata las claras de huevo, el queso cottage y la leche. Agregue un poco de sal al gusto. Fría durante 3-4 minutos, removiendo constantemente.

Valores nutricionales por 100g:

Carbohidratos 2.1g

Azúcar 2g

Proteínas 17.8g

Grasas Totales 9.8g

Sodio 137 mg

Potasio 109mg

Calcio 5.3mg

Hierro 1.16mg

Vitaminas (vitaminas A; B-6; B-12; D; D2; D3)

Calorías 179

10. Delicia crujiente de almendras

Ingredientes:

1 taza de Yogur Griego

½ taza de arándanos congelados

¼ taza de almendras enteras

1 cucharada de miel

Preparación:

Combine los ingredientes en una licuadora y mezcle durante 30 segundos. Vierta la mezcla en un vaso alto y deje en el congelador durante aproximadamente una hora.

Valores nutricionales por una taza:

Carbohidratos 7.7g

Azúcar 5.1g

Proteínas 14 g

Grasas Totales 6.8g

Sodio 112 mg

Potasio 129mg

Calcio 3.9mg

Hierro 1.12mg

Vitaminas (vitaminas A; B-6; B-12;D; D2; D3; K)

Calorías 87

11. Tostada francesa de berenjenas

Ingredientes:

1 berenjena grande

3 huevos

¼ cucharadita de sal marina

1 cucharada de aceite de coco

½ cucharadita de canela

Preparación:

Pele la berenjena y corte en rebanadas. Rocíe sal en cada lado de la berenjena. Deje reposar durante algunos minutos. Mientras, mezcle los huevos con la canela en un bol grande. Derrita el aceite de coco en una sartén a fuego medio.

Introduzca las rebanadas de berenjena en la mezcla de huevo. Pinche con un cuchillo para dejar la mezcla impregnar la berenjena. Fríalas hasta que tomen un color dorado, por cada lado. Sirva tibias sus "tostadas francesas".

Valores nutricionales por 100g:

Carbohidratos 9.4g

Azúcar 6.3g

Proteínas 19 g

Grasas Totales 10.8g

Sodio 167 mg

Potasio 234mg

Calcio 3.3mg

Hierro 2.44mg

Vitaminas (vitaminas A; B-6; B-12; C; D; D2; D3; K; Riboflavina; Niacina; Tiamina; K)

Calorías 187

12. Tostada de queso feta y huevos

Ingredientes:

4 rebanadas de pan integral

3 huevos

1 taza de espinaca bebé, cortada

½ taza de queso feta

2 cucharadas de aceite de oliva extra virgen

Preparación:

Bata los huevos en un bol con la ayuda de un tenedor. Corte el queso feta en pequeños cubos y agréguelos al bol. Engrase la sartén con aceite de oliva. Caliente a fuego medio-alto y fría la espinaca bebé durante varios minutos, revolviendo constantemente. Agregue la mezcla de huevos y feta y fría por varios minutos más.

Ponga el pan en el tostador durante 2 minutos. Sirva con la mezcla de huevo, feta y espinacas.

Valores nutricionales por 100g:

Carbohidratos 13.7g

Azúcar 7.1g

Proteínas 26.7 g

Grasas Totales 11.8g

Sodio 141 mg

Potasio 223mg

Calcio 4.5mg

Hierro 2.54mg

Vitaminas (vitaminas A; B-6; B-12; C; D; D2; D3; K; Riboflavina; Niacina; Tiamina; K)

Calorías 197

13. Batido proteico de Yogur Griego

Ingredientes:

3 tazas de Yogur Griego

3 claras de huevo

1 taza de jugo de manzana fresco

½ taza de mango congelado, picado

½ taza de piña congelada, picada

1 cucharada de miel

1 cucharada de extracto natural de naranja

Preparación:

Combine los ingredientes en una licuadora y mezcle durante 30-40 segundos. Sirva frío.

Valores nutricionales por una taza:

Carbohidratos 15.7g

Azúcar 11.13g

Proteínas 29 g

Grasas Totales 7.8g

Sodio 196 mg

Potasio 289mg

Calcio 5.35mg

Hierro 6.15mg

Vitaminas (vitaminas A; B-6; B-12; C; D; D2; D3; K; Riboflavina; Niacina; Tiamina; K)

Calorías 165

14. Merengada de frutos silvestres

Ingredientes:

1 taza de leche descremada

½ taza de agua

3 claras de huevo

½ taza de frutas silvestres mixtas, congeladas

1 banana

½ taza de cubos de hielo

1 cucharada de miel

½ cucharadita de canela

Preparación:

Combine los ingredientes en una licuadora durante algunos minutos. Refrigere durante aproximadamente una hora.

Valores nutricionales por una taza:

Carbohidratos 9.7g

Azúcar 8.1g

Proteínas 24 g

Grasas Totales 4.8g

Sodio 187 mg

Potasio 267mg

Calcio 4.5mg

Hierro 2.45mg

Vitaminas (vitaminas A; B-6; B-12; C; D; D2; D3; K; Riboflavina; Niacina; Tiamina; K)

Calorías 143

15. Panquecas de queso cottage y banana

Ingredientes:

1 taza de banana en rodajas

½ taza de harina de arroz

½ taza de leche descremada

½ taza de leche de almendras

3 cucharadas de azúcar morena

1 cucharadita de extracto de vainilla

1 huevo

½ taza de crema baja en grasas

spray para cocinar sin grasa

Preparación:

Combine en un bol las rodajas de banana, la harina, la leche descremada y leche de almendras y mezcle con una batidora hasta obtener una mezcla uniforme. Cúbralo y deje reposar durante 15 minutos.

En otro bol, mezcle la crema con el azúcar, el extracto de vainilla y el huevo. Bata bien con un tenedor o, aún mejor, con una batidora eléctrica. Se desea obtener una mezcla espumosa. Deje a un lado.

Rocíe un poco de spray para cocinar sin grasa en una sartén. Utilice ¼ taza de la mezcla de banana para preparar una panqueca. Fría sus panquecas durante aproximadamente 2-3 minutos por cada lado. Esta mezcla debe rendir para 8 panquecas.

Unte 1 cucharada de la mezcla de queso encima de cada panqueca y sirva.

Valores nutricionales por 100g:

Carbohidratos 22.4g

Azúcar 19.1g

Proteínas 24 g

Grasas Totales 17.8g

Sodio 194 mg

Potasio 297mg

Calcio 3.9mg

Hierro 2.876mg

Vitaminas (vitaminas A; B-6; B-12; C; D; D2; D3; K)

Calorías 143

16. Tortilla de espinaca

Ingredientes:

4 huevos

1 taza de hojas de espinaca bebé, picadas

1 cucharada de cebolla en polvo

¼ cucharadita de pimienta roja molida

¼ cucharadita de sal marina

1 cucharada de queso parmesano

1 cucharada de aceite de oliva

Preparación:

Bata los huevos con un tenedor, en un bol grande. Agregue la espinaca bebé y el queso Parmesano. Mezcle bien. Sazone con la cebolla en polvo, pimienta roja y sal marina.

Caliente el aceite de oliva a fuego medio. Agregue la mezcla de huevo y fría durante 2-3 minutos.

Valores nutricionales por 100g:

Carbohidratos 7.2g

Azúcar 5.1g

Proteínas 29.6 g

Grasas Totales 6.8g

Sodio 167 mg

Potasio 249mg

Calcio 4.9mg

Hierro 5.16mg

Vitaminas (vitaminas A; B-6; B-12; C; D; D2; D3; K; Riboflavina; Niacina; Tiamina; K)

Calorías 190

17. Merengada proteica de moca

Ingredientes:

1 taza de cubos de hielo

1 cucharada de chocolate oscuro rallado (80% de cacao)

1 cucharada de cacao

½ taza de leche de almendras

1 taza de leche descremada

3 claras de huevo

1 cucharadita de moca instantáneo

Preparación:

Mezcle el hielo, el chocolate oscuro, la leche de almendras y el moca instantáneo y licúe completamente. Vierta en vasos altos y sirva frío.

Valores nutricionales por una taza:

Carbohidratos 4.7g

Azúcar 3.1g

Proteínas 17.6 g

Grasas Totales 8.8g

Sodio 101mg

Potasio 139mg

Calcio 3.9mg

Hierro 1.6mg

Vitaminas (vitaminas A; B-6; B-12; D; D2)

Calorías 79

18. Batatas con claras de huevo

Ingredientes:

4 batatas medianas, peladas

6 huevos

2 cebollas medianas, peladas

1 cucharada de ajo molido

2 cucharadas de aceite de oliva

½ cucharadita de sal marina

¼ cucharadita de pimienta molida

Preparación:

Precaliente su horno a 350 grados. Esparza el aceite de oliva sobre una bandeja para hornear mediana. Coloque las batatas en la bandeja para hornear. Hornee durante aproximadamente 40 minutos. Retire del horno y deje enfriar por un rato. Baje la temperatura del horno a 200 grados.

Mientras, corte las cebollas en trozos pequeños. Separe las claras de las yemas de los huevos. Corte las batatas en rodajas grandes y colóquelas en un bol. Agregue las cebollas picadas, las claras de huevo, el ajo molido, la sal marina y la pimienta. Mezcle bien.

Esparza esta mezcla en una bandeja para hornear y hornee durante 15-20 minutos más.

Valores nutricionales por 100g:

Carbohidratos 16.7g

Azúcar 9.1g

Proteínas 19 g

Grasas Totales 11.8g

Sodio 127 mg

Potasio 114mg

Calcio 1.3mg

Hierro 2.12mg

Vitaminas (vitaminas A; B-6; D; D2; D3; K; Riboflavina; Niacina; Tiamina)

Calorías 204

19. Burritos proteicos

Ingredientes:

1 taza de frijoles verdes cocidos

1 libra de carne de res magra

1 taza de queso cottage

½ taza de cebollas picadas

1 cucharadita de pimienta roja molida

1 cucharadita de chile en polvo

6 tortillas integrales

Preparación:

Cocine la carne y enjuáguela. Córtela en piezas del tamaño de bocados y colóquela nuevamente en la sartén. Agregue la pimienta roja molida, el chile en polvo y las cebollas. Revuelva bien durante 15 minutos. Retire del fuego.

Combine el queso cottage con los frijoles verdes en una licuadora. Mezcle bien durante 30 segundos. Agregue la mezcla de queso a la carne. Divida esta mezcla en 6 partes iguales y esparza sobre las tortillas. Envuelva y sirva.

Valores nutricionales por 100g:

Carbohidratos 21g

Azúcar 15.1g

Proteínas 32.4 g

Grasas Totales 19.8g

Sodio 337 mg

Potasio 223mg

Calcio 2.4mg

Hierro 2.42mg

Vitaminas (vitaminas A; B-6; B-12; C; D; D2; D3; K; Riboflavina; Niacina; Tiamina; K)

Calorías 264

20. Parfait de almendra

Ingredientes:

2 cucharadas de chocolate oscuro rallado (80% de cacao)

2 tazas de leche descremada

2 cucharadas de crema baja en grasas

1 huevo entero

2 claras de huevo

1 cucharada de miel

½ taza de almendras tostadas

Preparación:

Caliente ligeramente la leche descremada a una temperatura baja. Agregue la crema y revuelva bien. No deje hervir! Retire del fuego y agregue el chocolate. Revuelva hasta que el chocolate se derrita. Deje a un lado y deje enfriar por un rato. Ahora agregue el huevo y las claras, la miel y las almendras. Revuelva bien durante varios minutos y vierta en vasos altos. Refrigere durante la noche y sirva.

Valores nutricionales por 1 taza:

Carbohidratos 10.7g

Azúcar 7.5g

Proteínas 23 g

Grasas Totales 9.8g

Sodio 133 mg

Potasio 211mg

Calcio 5.9mg

Hierro 2.34mg

Vitaminas (vitaminas A; B-6; B-12; C; D; D2; D3; K)

Calorías 89

21. Avena de arándanos

Ingredientes:

1 taza de arándanos frescos

2 tazas de avena en hojuelas

1 cucharada de semillas de calabaza

1 manzana mediana, cortada en rodajas

1 taza de yogur bajo en grasas

3 claras de huevo

½ taza de sirope de maple

Preparación:

Precaliente el horno a 350 grados. Esparza las semillas de calabaza en una bandeja para hornear y tueste durante aproximadamente 5-6 minutos. Se desea que tomen un color ligeramente marrón.

Hierva los arándanos a temperatura alta. Cocine hasta que se rompan. Agregue la avena, las claras de huevo y las rodajas de manzana y revuelva bien. Cocine durante otros 7 minutos, o hasta que la avena esté cocida. Incorpore las semillas de calabaza. Retire del fuego y deje reposar durante 10 minutos. Sirva frío con el yogur y el sirope de maple.

Valores nutricionales por 100g:

Carbohidratos 14.7g

Azúcar 10.1g

Proteínas 16 g

Grasas Totales 11.8g

Sodio 187 mg

Potasio 278mg

Calcio 5.56mg

Hierro 1.34mg

Vitaminas (vitaminas A; B-6; B-12; C; D; D2; D3; K; Riboflavina; Niacina; Tiamina; K)

Calorías 121

22. Huevos revueltos con cúrcuma

Ingredientes:

3 huevos

3 claras de huevo

1 cucharada de aceite de oliva

1 cucharadita de cúrcuma molida

sal y pimienta al gusto

Preparación:

Engrase la sartén con el aceite de oliva. Caliente a fuego medio-alto. Mientras, bata los huevos, las claras de huevo y la cúrcuma. Agregue un poco de sal y pimienta al gusto y fría durante algunos minutos.

Valores nutricionales por 100g:

Carbohidratos 2.7g

Azúcar 1.3g

Proteínas 19 g

Grasas Totales 9.8g

Sodio 111 mg

Potasio 122mg

Calcio 1.23mg

Hierro 0.16mg

Vitaminas (vitaminas A; B-6; B-12; C; D)

Calorías 213

23. Meriendas mediterráneas rápidas

Ingredientes:

3/4 taza de almendras molidas

1/4 taza de coco rallado

3/4 taza de bayas Goji

1 taza de leche de coco

½ vaso de agua

1 cucharadita de extracto de vainilla

1 cucharadita de cáscara de naranja rallada

1 cucharadita de chile en polvo

3 cucharadas de chocolate oscuro rallado con 85% de cacao

Preparación:

En primer lugar hay que mezclar la cáscara de naranja rallada con el chile, el extracto de vainilla y la leche de coco. Cocine a baja temperatura durante 10-15 minutos. Deje enfriar. Mientras, mezcle las almendras, el coco rallado, las bayas goji y el agua en una licuadora durante pocos minutos. Agregue la mezcla fría de chile, extracto de vainilla, cáscara de naranja y leche de coco y mezcle durante otros 1-2 minutos. Vierta la mezcla en moldes redondos y espolvoree encima el chocolate oscuro. Refrigere durante algunas horas.

Valores nutricionales por 100g:

Carbohidratos 14.5g

Azúcar 2.61g

Proteínas 13.5g

Grasas Totales 16.6 g

Sodio 49,5mg

Potasio 331mg

Calcio 121,8mg

Hierro 37.6mg

Vitaminas (Vitaminas C; B-6; B-12; A-RAE; D; D-D2+D3; K-filoquinona; Tiamina; Riboflavina; Niacina)

Calorías 248 kcal

24. Panquecas de vainilla proteicas

Ingredientes:

4 huevos

2 tazas de leche descremada

½ taza de harina de arroz

2 cucharadas de azúcar morena

½ cucharadita de sal

1 cucharadita de bicarbonato de sodio

½ cucharadita de extracto de vainilla

Preparación:

Combine en un bol mediano los huevos, la leche, la harina, la sal, el bicarbonato de sodio y la vainilla. Mezcle bien con una batidora eléctrica.

Utilice ¼ taza de esta mezcla para preparar una panqueca. Fría a temperatura media hasta que tome un tono dorado en cada lado. Sirva tibio.

Valores nutricionales por 100g:

Carbohidratos 4.7g

Azúcar 4.1g

Proteínas 29 g

Grasas Totales 11.8g

Sodio 137 mg

Potasio 239mg

Calcio 2.9mg

Hierro 2.16mg

Vitaminas (vitaminas A; B-6; B-12; C; D; D2; D3; K; Riboflavina; Niacina; Tiamina; K)

Calorías 213

25. Merengada de arándanos proteica

Ingredientes:

1 taza de arándanos congelados

1 taza de leche descremada

3 claras de huevo

1 taza de agua

1 cucharada de azúcar morena

½ taza de nueces

Preparación:

Combine los ingredientes en una licuadora y mezcle durante 30-40 segundos. Sirva frío.

Valores nutricionales por una taza:

Carbohidratos 8.7g

Azúcar 8.1g

Proteínas 19 g

Grasas Totales 9.8g

Sodio 127 mg

Potasio 139mg

Calcio 1.22mg

Hierro 2.16mg

Vitaminas (vitaminas A; B-6; B-12; C; D; D2)

Calorías 91

26. Puré de huevo y aguacate

Ingredientes:

4 huevos

1 taza de leche descremada

½ aguacate

Preparación:

Hierva los huevos hasta que estén duros. Retire del fuego y deje enfriar. Pele y corte los huevos. Agregue una pizca de sal y refrigere durante aproximadamente 30 minutos. Colóquelos en una licuadora. Corte el aguacate en pedazos pequeños e introduzca en la licuadora. Agregue la leche y licúe durante 30 minutos. Este puré debe ser consumido inmediatamente.

Valores nutricionales por 100g:

Carbohidratos 8.7g

Azúcar 5.1g

Proteínas 17 g

Grasas Totales 7.8g

Sodio 112 mg

Potasio 101mg

Calcio 3.4mg

Hierro 0.23mg

Vitaminas (vitaminas A; B-6; B-12; C; D; D2; D3)

Calorías 176

27. Merengada proteica de frutos secos

Ingredientes:

1 cucharadita de almendras ralladas

1 cucharadita de nueces ralladas

1 cucharadita de avellanas ralladas

1 cucharadita de nueces de macadamia ralladas

1 vaso de jugo de naranja fresco

1 cucharada de sirope de agave

1 cucharada de helado de naranja libre de grasas

1 puñado de cubos de hielo

Preparación:

Mezcle los ingredientes en una licuadora durante 30-40 segundos.

Valores nutricionales por 1 vaso:

Carbohidratos 15.19g

Azúcar 11.23g

Proteínas 9.85g

Grasas Totales 6.64g

Sodio 115mg

Potasio 309.6mg

Calcio 121mg

Hierro 5.03mg

Vitaminas (Vitamina C ácido ascórbico total; B-6; B-12; ácido fólico-DFE; A-RAE; A-IU; E-alfa-tocoferol; D; D-D2+D3; K-filoquinona; Tiamina; Riboflavina; Niacina)

Calorías 98.3

28. Ensalada de nueces y fresas

Ingredientes:

½ taza de nueces molidas

2 tazas de fresas frescas

1 cucharada de sirope de fresa

2 cucharadas de crema libre de grasa

1 cucharada de azúcar morena

Preparación:

Lave y corte las fresas en trozos pequeños. Mezcle con las nueces molidas en un bol. En otro bol, combine el sirope de fresa, la crema libre de grasas y el azúcar morena. Bata bien con un tenedor y vierta sobre la ensalada.

Valores nutricionales por 100g:

Carbohidratos 9.7g

Azúcar 8.1g

Proteínas 17 g

Grasas Totales 9.8g

Sodio 137 mg

Potasio 234mg

Calcio 3.4mg

Hierro 3.16mg

Vitaminas (vitaminas A; B-6; B-12; C; D; D2; D3; K; Riboflavina; Niacina; Tiamina; K)

Calorías 176

29. Tortilla de jengibre

Ingredientes:

3 huevos

2 cucharadas de aceite de oliva

1 cucharadita de jengibre rallado

1/5 cucharadita de pimienta

¼ cucharadita de sal marina

Preparación:

Bata los huevos utilizando un tenedor. Agregue el jengibre y la pimienta. Mezcle bien y fría en aceite de oliva durante unos pocos minutos. Sirva tibio. Sazone con sal marina.

Valores nutricionales por 100g:

Carbohidratos 0.9g

Azúcar 0.45g

Proteínas 12g

Grasas Totales 12.4g

Sodio 156mg

Potasio 117.5mg

Calcio 4.4mg

Hierro 7.37mg

Vitaminas (vitaminas A; B-6; D; D2; D3)

Calorías 156

30. Huevos revueltos con pimientos verdes

Ingredientes:

2 huevos enteros

2 claras de huevo

2 pimientos verdes pequeños cortados

¼ cucharadita de pimienta roja

¼ cucharadita de sal marina

1 cucharada de aceite de oliva

Preparación:

Bata los huevos enteros y las claras con un tenedor. Sazone los huevos con la pimienta roja y la sal marina.

Caliente el aceite de oliva a fuego medio-alto y fría los pimientos verdes picados durante aproximadamente 10 minutos. Agregue los huevos, revuelva bien y fría durante otros 3 minutos. Retire del fuego y sirva.

Valores nutricionales por 100g:

Carbohidratos 10.7g

Azúcar 8.1g

Proteínas 17g

Grasas Totales 8.8g

Sodio 134 mg

Potasio 253mg

Calcio 2.5mg

Hierro 1.34mg

Vitaminas (vitaminas A; B-6; B-12; C; D; D2; D3)

Calorías 175

31. Merengada proteica de almendra

Ingredientes:

1 taza de leche de almendra

1 taza de leche descremada

3 claras de huevo

1 cucharadita de canela

1 taza de fresas

½ taza de almendras molidas

1 cucharadita de extracto de almendras

Preparación:

Mezcle los ingredientes en una licuadora durante aproximadamente 30-40 segundos. Sirva frío.

Valores nutricionales por 1 taza:

Carbohidratos 9.7g

Azúcar 5.1g

Proteínas 21 g

Grasas Totales 7.8g

Sodio 111 mg

Potasio 132mg

Calcio 1.2mg

Hierro 4.16mg

Vitaminas (vitaminas A; B-6; B-12; C; D; D2; D3; K; Riboflavina; Niacina; Tiamina; K)

Calorías 98

32. Musli de manzana con semillas de chía

Ingredientes:

½ taza de semillas de chía deshidratadas

2 manzanas grandes

3 cucharada de semillas de linaza

3 cucharadas de miel

1 ¼ tazas de agua de coco

1 ¼ tazas de yogur natural

1 taza de avena en hojuelas

2 cucharadas de hojas de menta

Sal del Himalaya en cristales, al gusto

Preparación:

Lave y pele las manzanas. Córtelas en pedazos tamaño bocado y colóquelas en un bol grande. Agregue el yogur, las semillas de chía, las semillas de linaza, la avena en hojuelas, la menta y el agua de coco en un bol y revuelva bien. Refrigere la mezcla durante la noche.

Agregue sal y miel antes de servir.

Valores nutricionales por 100g:

Carbohidratos 10.7g

Azúcar 8.1g

Proteínas 18 g

Grasas Totales 11.8g

Sodio 137 mg

Potasio 239mg

Calcio 2.9mg

Hierro 2.16mg

Vitaminas (vitaminas A; B-6; B-12; C; D; D2; D3; K; Riboflavina; Niacina; Tiamina; K)

Calorías 198

33. Pan de nueces con miel

Ingredientes:

1 cucharada de miel

½ taza de nueces molidas

2 tazas de harina de almendras

1 cucharada de extracto de vainilla

3 huevos grandes

5 claras de huevo

½ cucharadita de sal marina

1 cucharadita de bicarbonato de sodio

2 cucharadas de aceite de coco

Preparación:

Coloque la miel, los huevos, las claras de huevo, las nueces y el extracto de vainilla en el procesador de alimentos y mezcle bien durante 40 segundos.

Vierta la mezcla en un bol y agregue la harina, el bicarbonato de sodio y la sal. Revuelva bien con un tenedor o, aún mejor, con una batidora eléctrica de mano hasta obtener una masa uniforme.

Vierta el aceite de coco sobre una bandeja para hornear. Precaliente el horno a 250 grados. Tarda aproximadamente 40 minutos que el pan empiece a levantar. Cuando esto suceda, retire del horno y deje reposar durante al menos 2 horas antes de consumirlo.

Este pan es alto en proteínas y una muy buena alternativa a su pan acostumbrado.

Valores nutricionales por 100g:

Carbohidratos 31g

Azúcar 17g

Proteínas 25g

Grasas Totales 11.8g

Sodio 177 mg

Potasio 322mg

Calcio 4.9mg

Hierro 5.16mg

Vitaminas (vitaminas A; B-6; B-12; C; D; D2; D3; K; Riboflavina; Niacina; Tiamina; K)

Calorías 312

34. Panquecas de almendra

Ingredientes:

1 taza de avena

½ taza de almendras picadas

2 claras de huevo

1 taza de leche

½ taza de agua

sal

canela al gusto

1 cucharada de aceite de coco

Preparación:

Prepare una masa uniforme con la avena, las almendras, las claras de huevo, la sal y el agua, utilizando una batidora eléctrica. Agregue un poco de canela al gusto y fría a fuego medio durante 3-4 minutos de cada lado. Estas panquecas son perfectas con sirope de fresa encima.

Valores nutricionales por 100g:

Carbohidratos 21.3g

Azúcar 19g

Proteínas 23g

Grasas Totales 16.6g

Sodio 193.5mg

Potasio 278mg

Calcio 3.4mg

Hierro 2.8mg

Vitaminas (vitaminas A; B-6; B-12; C; D; D2; D3; K)

Calorías 148

35. Batido de semillas de Chía y frutas

Ingredientes:

1 manzana pequeña

1 naranja pequeña

½ vaso de agua

1 cucharada de semillas de chía picadas

1 cucharadita de almendras picadas

3 claras de huevo

2 cucharadas de crema libre de grasa

½ taza de cubos de hielo

Preparación:

Combine los ingredientes en una licuadora durante 30-40 segundos. Consuma frío.

Valores nutricionales por 1 taza:

Carbohidratos 8g

Azúcar 4.9g

Proteínas 10.2g

Grasas Totales 2.67g

Sodio 74mg

Potasio 312.9mg

Calcio 79mg

Hierro 1.88mg

Vitaminas (Vitaminas B-6; B-12; D; D-D2+D3)

Calorías 56

36. Batido de avellanas y fresas

Ingredientes:

1 taza de fresas

1 vaso de leche libre de grasa

¼ taza de avellanas molidas

1 cucharada de crema baja en grasas

1 cucharada de miel

1 cucharadita de azúcar morena

3 claras de huevo

Preparación:

Separe las claras y las yemas de los huevos. Combine los ingredientes en una licuadora durante 30-40 segundos.

Valores nutricionales por 1 taza:

Carbohidratos 9.76g

Azúcar 6.9g

Proteínas 11g

Grasas Totales 1.9g

Sodio 98mg

Potasio 212.9mg

Calcio 56mg

Hierro 1.87mg

Vitaminas (Vitaminas B-6; B-12; D; D-D2+D3)

Calorías 67

37. Huevos con vegetales fritos y semillas de chía

Ingredientes:

2 huevos

3 claras de huevo

1 cebolla pequeña

1 zanahoria pequeña

1 tomate pequeño

2 pimientos rojos medianos

1 cucharada de semillas de chía molidas

sal

1 cucharada de aceite de oliva

Preparación:

Lave y seque los vegetales dando toques utilizando papel absorbente para cocina. Corte en tiras o rebanadas. Caliente el aceite de oliva a temperatura media y fría los vegetales durante aproximadamente 10 minutos, revolviendo constantemente. Agregue las semillas de chía y mezcle bien. Espere hasta que los vegetales estén suaves y agregue los huevos. Fría durante 2-3 minutos más. Retire del fuego y sirva.

Valores nutricionales por 100g:

Carbohidratos 12g

Azúcar 9.9g

Proteínas 19.4g

Grasas Totales 11.9g

Sodio 174mg

Potasio 212.9mg

Calcio 79mg

Hierro 3.1mg

Vitaminas (Vitaminas B-6; B-12; D; D-D2+D3)

Calorías 156

38. Mousse para el desayuno

Ingredientes:

½ taza de arándanos

¼ taza de fresas

½ vaso de leche descremada

1 cucharada de crema baja en grasas

3 claras de huevo

1 cucharada de extracto de vainilla

canela al gusto

Preparación:

Bata las claras de huevo, la crema baja en grasas y la leche descremada utilizando un tenedor. Tomará aproximadamente 5 minutos para obtener un suave mousse. Vierta este mousse en una licuadora, agregue los arándanos, las fresas y mezcle durante aproximadamente 20 segundos. Agregue un poco de canela y extracto de vainilla antes de servir.

Valores nutricionales por 1 taza:

Carbohidratos 8.9g

Azúcar 5.9g

Proteínas 12.3g

Grasas Totales 1.7g

Sodio 114mg

Potasio 212mg

Calcio 1.34mg

Hierro 1.34mg

Vitaminas (Vitaminas B-6; B-12; D; D-D2+D3)

Calorías 76

39. Batido de vainilla

Ingredientes:

1 vaso de leche descremada

1 cucharadita de extracto de vainilla

1 cucharada de semillas de chía picadas

4 claras de huevo

1 cucharada de crema libre de grasa

canela

1 cucharadita de azúcar

Preparación:

Mezcle bien los ingredientes en una licuadora durante 30 segundos. Sirva frío.

Valores nutricionales por 1 taza:

Carbohidratos 12.2g

Azúcar 7.5g

Proteínas 14g

Grasas Totales 5.65g

Sodio 121mg

Potasio 231.4mg

Calcio 22mg

Hierro 1.9mg

Vitaminas (Vitamina C ácido ascórbico total; B-6; B-12; ácido fólico-DFE; A-RAE; A-IU; D; D-D2+D3; K-filoquinona; Tiamina; Riboflavina; Niacina)

Calorías 80

40. Panquecas de leche de coco con fresas

Ingredientes:

1 vaso de leche de coco

3 claras de huevo

1 vaso de agua

sal

1 taza de harina de trigo Sarraceno

½ taza de nueces molidas

½ taza de fresas

aceite de oliva para freír

Preparación:

Mezcle bien la leche de coco, las claras de huevo y el agua en un bol grande. Agregue la harina y la sal y mezcle bien con una licuadora de mano, para obtener una masa uniforme. Agregue las nueces molidas. Caliente el aceite de oliva a temperatura media. Prepare la panqueca utilizando ¼ taza de la masa. Fría en aceite caliente y coloque las fresas encima.

Valores nutricionales por 100g:

Carbohidratos 23.2g

Azúcar 18g

Proteínas 26 g

Grasas Totales 15.3g

Sodio 172 mg

Potasio 247mg

Calcio 3.6mg

Hierro 2.36mg

Vitaminas (vitaminas A; B-6; B-12; C; D; D2; D3; K)

Calorías 152

41. Pan con semillas de chía

Ingredientes:

3 tazas de harina de trigo Sarraceno

3 claras de huevo

1 taza de semillas de chía picadas

agua tibia

sal

½ paquete de levadura seca

Preparación:

Mezcle la harina, los huevos y las semillas de chía con la sal y la levadura. Agregue el agua tibia y revuelva hasta tener una masa suave. Deje reposar en un lugar tibio durante aproximadamente 30-40 minutos. Rocíe con agua fría y hornee en horno precalentado a 350 grados durante aproximadamente 40 minutos.

Valores nutricionales por 100g:

Carbohidratos 30g

Azúcar 15.6g

Proteínas 23g

Grasas Totales 16.4g

Sodio 183 mg

Potasio 319mg

Calcio 4.8mg

Hierro 5.12mg

Vitaminas (vitaminas A; B-6; B-12; C; D; D2; D3; K; Riboflavina; Niacina; Tiamina; K)

Calorías 309

42. Mantequilla de maní casera

Ingredientes:

1 taza de maní, molido

3 cucharadas de aceite de maní

1 taza de Yogur Griego

¼ cucharadita de sal

Preparación:

Coloque todos los ingredientes en una licuadora. Este proceso toma aproximadamente 30 segundos y su mantequilla de maní está lista para comer!

Valores nutricionales por 100g:

Carbohidratos 21g

Azúcar 17g

Proteínas 25g

Grasas Totales 50.8g

Sodio 17mg

Potasio 622mg

Calcio 4.8mg

Hierro 10.16mg

Vitaminas (vitaminas B-6; B-12; Riboflavina; Niacina; Tiamina; K)

Calorías 580

43. Crema de vainilla casera

Ingredientes:

1 taza de crema baja en grasas

4 claras de huevo

1 cucharada de azúcar morena

1 cucharadita de vainilla natural en polvo

1 cucharadita de extracto de vainilla

¼ cucharadita de canela

Preparación:

Mezcle los ingredientes con una licuadora de mano durante algunos minutos. Refrigere durante la noche.

Valores nutricionales por 100g:

Carbohidratos 16g

Azúcar 4.2g

Proteínas 19g

Grasas Totales 8g

Sodio 56 mg

Potasio 122mg

Calcio 6.3mg

Hierro 0.16mg

Vitaminas (vitaminas A; B;C; D; D2; D3)

Calorías 136

44. Helado de cereza

Ingredientes:

½ taza de cerezas congeladas

½ taza de yogur congelado

4 claras de huevo

¼ taza de leche de almendras

1 cucharadita de extracto de cereza

1 cucharada de azúcar morena

1 cucharada de crema batida, libre de grasas

Preparación:

Coloque las cerezas, las claras de huevo, la leche de almendras y el azúcar en una licuadora durante 30 segundos, hasta obtener una mezcla suave. Mientras, combine el extracto de cereza con el yogur congelado y la crema batida en un bol pequeño.

Vierta ambas mezclas en vasos altos, de manera que el yogur congelado quede en la capa superior. Refrigere durante la noche.

Valores nutricionales por 100g:

Carbohidratos 8g

Azúcar 6.4g

Proteínas 15.6g

Grasas Totales 6.8g

Sodio 132 mg

Potasio 121mg

Calcio 2.3mg

Hierro 1.23mg

Vitaminas (vitaminas A; B-6; B-12; C; D; D2; D3)

Calorías 176

45. Bebida proteica de cacao hecha en casa

Ingredientes:

1 taza de leche descremada

½ taza de leche de almendras

4 claras de huevo

2 cucharaditas de cacao en polvo

2 cucharaditas de azúcar morena

1 cucharada de cobertura para postres libre de grasa

Preparación:

Combine la leche de almendras y la leche descremada. Deje hervir a temperatura media. Retire del fuego y agregue el cacao en polvo, las claras de huevo y el azúcar. Mezcle bien y cocine durante 3-4 minutos más, a temperatura muy baja, revolviendo constantemente.

Valores nutricionales por 1 taza:

Carbohidratos 30.5g

Azúcar 26.7g

Proteínas 26g

Grasas Totales 15.8g

Sodio 577 mg

Potasio 245mg

Calcio 9.8mg

Hierro 7.8mg

Vitaminas (vitaminas B-6; B-12; D; D2)

Calorías 322

46. Paté de semillas de Chía

Ingredientes:

½ taza de semillas de chía en polvo

¼ taza de semillas de chía

½ taza de queso cottage

3-4 dientes de ajo

¼ taza de leche descremada

1 cucharada de mostaza

¼ cucharadita de sal

Preparación:

Pique el ajo y mezcle con la mostaza. En un bol grande, combine el queso cottage con la leche descremada, la sal, las semillas de chía en polvo y las semillas de chía. Mezcle bien y agregue el ajo y la mostaza. Refrigere durante aproximadamente una hora.

Valores nutricionales por 100g:

Carbohidratos 23g

Azúcar 8.1g

Proteínas 24.2g

Grasas Totales 10.6g

Sodio 177 mg

Potasio 312mg

Calcio 4.6mg

Hierro 4.16mg

Vitaminas (vitaminas A; B-6; B-12; C; D; D2; D3; K; Riboflavina; Niacina; Tiamina; K)

Calorías 174

47. Avena con sirope de maple

Ingredientes:

1 taza de avena en hojuelas

½ taza de fresas

1 cucharadita de sirope de maple

1 taza de yogur Griego

1 cucharada de azúcar morena

1 cucharada de miel

4 claras de huevo

Preparación:

Combine la avena con el yogur Griego en un bol grande. Lave y corte las fresas en trozos pequeños. Mezcle las fresas con el azúcar morena y la miel. Triture con un tenedor y agregue la avena. Agregue el sirope de maple como cobertura.

Valores nutricionales por 100g:

Carbohidratos 16.2g

Azúcar 11 g

Proteínas 17.1 g

Grasas Totales 9.8g

Sodio 168 mg

Potasio 289mg

Calcio 5.1mg

Hierro 1.41mg

Vitaminas (vitaminas A; B-6; B-12; C; D; D2; D3; K; Riboflavina; Niacina; Tiamina; K)

Calorías 118

48. Merengada de aguacate y avellanas

Ingredientes:

1 aguacate mediano

½ taza de avellanas molidas

3 claras de huevo

2 cucharadas de miel

2 tazas de leche descremada

½ taza de cubos de hielo

algunas hojas de menta fresca

Preparación:

Corte los aguacates a la mitad, retire la semilla y cáscara. Luego, córtelo en pequeños trozos, colóquelos en la licuadora, agregue la leche, las claras de huevo, las avellanas, la miel y los cubos de hielo. Mezcle bien durante 30-40 segundos.

Valores nutricionales por una taza:

Carbohidratos 8.1g

Azúcar 6.4g

Proteínas 21.7 g

Grasas Totales 14.1g

Sodio 144 mg

Potasio 223mg

Calcio 4.81mg

Hierro 2.21mg

Vitaminas (vitaminas A; B-6; B-12; C; D; D2; D3; K; Riboflavina; Niacina; Tiamina; K)

Calorías 87

49. Delicia cremosa de banana

Ingredientes

1 vaso de yogur bajo en grasas

¼ taza de leche descremada

1 cucharada de harina de coco

1 banana grande

3 claras de huevo

2 cucharadas de azúcar morena

Preparación:

Prepare esta merengada mezclando la banana, el azúcar, la harina de coco, las claras de huevo, el yogur y la leche en una licuadora durante 30-40 segundos.

Sirva inmediatamente!

Valores nutricionales por una taza:

Carbohidratos 7.2g

Azúcar 6.1g

Proteínas 26.2 g

Grasas Totales 10.2g

Sodio 123 mg

Potasio 224mg

Calcio 3.9mg

Hierro 2.17mg

Vitaminas (vitaminas A; B-6; B-12; C; D; D2; D3; K; Riboflavina; Niacina; Tiamina; K)

Calorías 85

50. Yogur con fresa y chía

Ingredientes:

1 taza de yogur de fresa

½ taza de yogur Griego

½ taza de crema libre de grasa

3 claras de huevo

1 cucharada de extracto de fresa

3 cucharadas de azúcar morena

Preparación:

Combine los ingredientes en una licuadora durante 30-40 segundos, hasta obtener una mezcla suave. Refrigere durante aproximadamente una hora antes de servir.

Valores nutricionales por una taza:

Carbohidratos 9.2g

Azúcar 6.1g

Proteínas 25.7 g

Grasas Totales 9.2g

Sodio 134 mg

Potasio 226mg

Calcio 4.92mg

Hierro 2.21mg

Vitaminas (vitaminas A; B-6; B-12; C; D; D2; D3; K; Riboflavina; Niacina; Tiamina; K)

Calorías 87

51. Huevos hervidos con albahaca picada

Ingredientes:

2 huevos

1 cucharadita de albahaca picada

pimienta

Preparación:

Hierva los huevos durante 10 minutos. Retire la cáscara y corte en trozos pequeños. Espolvoree con la albahaca picada.

Valores nutricionales por 100 g:

Carbohidratos 1.1g

Azúcar 0g

Proteínas 13g

Grasas Totales (grasas buenas monoinsaturadas) 11g

Sodio 124mg

Potasio 126mg

Calcio 50mg

Hierro 1.2mg

Vitaminas (vitaminas A; B-6; B-12; C)

Calorías 155

52. Batido de frutas mixtas y vegetales

Ingredientes:

1 taza de arándanos, frambuesas, moras y fresas mezcladas

½ taza de espinaca bebé picada

2 tazas de agua

Preparación:

Mezcle los ingredientes en una licuadora durante algunos minutos.

Valores nutricionales por 1 taza:

Carbohidratos 9.2g

Azúcar 6.15g

Proteínas 8.75g

Grasas Totales 0.87g

Sodio 54.8mg

Potasio 107.8mg

Calcio 82mg

Hierro 2.03mg

Vitaminas (Vitamina C ácido ascórbico total; B-6; B-12; ácido fólico-DFE; A-RAE; A-IU; E-alfa-tocoferol; D; D-D2+D3; K-filoquinona; Tiamina; Riboflavina; Niacina)

Calorías 42.6

Otros grandes títulos de este Autor

www.ingramcontent.com/pod-product-compliance
Lightning Source LLC
Chambersburg PA
CBHW071741080526
44588CB00013B/2114